[redacted]